COACHING COM JOANA D'ARC

Lições de liderança

Conheça nossos clubes

Conheça nosso site

- @editoraquadrante
- @editoraquadrante
- @quadranteeditora
- Quadrante

ALEXANDRE HAVARD

COACHING COM JOANA D'ARC

Lições de liderança

Tradução
Diogo Chiuso

São Paulo
2022

Título original
Coaché par Jeanne d'Arc

Copyright © 2022, Alexandre Havard

Capa
Gabriela Haeitmann

Dados Internacionais de Catalogação na Publicação (CIP)

Havard, Alexandre
    Coaching com Joana d'Arc : lições de liderança / Alexandre Havard; tradução de Diogo Chiuso. – São Paulo : Quadrante, 2022.
    Título original: *Coaché par Jeanne d'Arc*
    ISBN: 978-65-89820-56-7
    1, Humildade 2. Liderança - Aspectos morais e éticos 3. Magnanimidade I. Título

CDD 248.4

Índice para catálogo sistemático:
1. Magnanimidade : Crescimento pessoal : Vida cristã 248.4

Todos os direitos reservados a
QUADRANTE EDITORA
Rua Bernardo da Veiga, 47 - Tel.: 3873-2270
CEP 01252-020 - São Paulo - SP
www.quadrante.com.br / atendimento@quadrante.com.br

Sumário

Um encontro 9

Prefácio do autor 13

Nota do autor 17

Sessão 1 - Encontre a vitória na derrota 21

Sessão 2 - Tenha consciência de sua força 27

Sessão 3 - Desenvolva mais a magnanimidade 33

Sessão 4 - Crie um plano de crescimento pessoal 39

Sessão 5 - Cultive a sua piedade filial 47

Sessão 6 - Ajude a si mesmo... e o Céu irá ajudá-lo 53

Sessão 7 - Coloque sua inteligência em tudo 59

Sessão 8 - Descubra sua missão 67

Sessão 9 - Não confunda seus objetivos com sua missão 77

Sessão 10 - Trabalhe a longo prazo 83

Sessão 11 - Fuja do voluntarismo 89

Sessão 12 - Afaste o sentimentalismo 95

Sessão 13 - Purifique suas intenções 99

Sessão 14 - Não tema a opinião pública.................................. 105

Sessão 15 - Não seja perfeccionista... 111

Posfácio.. 117

Cronologia da vida de Joana d'Arc 121

São muitos os cristãos persuadidos de que a Redenção se realizará em todos os ambientes do mundo, e de que deve haver almas – não sabem quais – que com Cristo contribuam para realizá-la. Mas eles a veem a um prazo de séculos, de muitos séculos...; seria uma eternidade se se levasse a cabo ao passo de sua entrega. Assim pensavas tu, até que vieram «acordar-te».

São Josemaria Escrivá, *Sulco*, n. 1

Um encontro

Uma garota de olhar inocente, montada num cavalo de guerra musculoso e quase asfixiada e esmagada por sua armadura. Foi assim que imaginei Joana d'Arc durante meus anos de escola e de faculdade. Joana d'Arc não me tocou em nada. Afinal, já não era 1914... O que me chamou a atenção naquela época foi *O desertor*, escrita pelo excêntrico Boris Vian e cantada pelo melancólico Serge Reggiani. É o que guardo na memória.

Joana d'Arc entrou em minha vida na virada do milênio. Eu estava perto dos quarenta e morava na Finlândia havia mais de dez anos. A França estava longe. De repente, na escuridão gelada de uma noite de inverno muito parecida com tantas outras, surgiu um rosto irradiando luz e pureza!

O rosto de Joana. Um rosto sorridente, um tanto travesso, que me disse: «Vamos!». Disse em inglês. A palavra ressoou na parte mais profunda da minha alma, e com uma força que me impediu de duvidar por um único instante.

Tratava-se de uma graça de Deus – nunca tive a menor dúvida, pelo tanto que sua presença me encheu de alegria e paz. Uma graça que me levou a abandonar a prática da lei e me dedicar ao ensino da liderança virtuosa por todo o mundo.

Prefácio do autor

Em outubro de 2017, no final de uma conferência sobre liderança virtuosa que eu estava ministrando em Ottawa, um jovem canadense veio até mim e perguntou: *How do you become Joan of Arc?*

Ele tinha um ar sério. Senti nele uma ansiedade profunda, uma emoção sincera. Era um cara grande e forte, tinha uma barba ruiva espessa. Talvez um lenhador...

Não tive tempo para responder à sua pergunta porque uma longa fila de pessoas havia se formado atrás dele querendo que eu autografasse meu livro. Teríamos de nos sentar em um canto sossegado com várias garrafas de vodca e porções de arenque cru antes de iniciar uma conversa sobre essa excepcional figura da história francesa, uma figura que, segundo Mark Twain, "é certamente, e sem dúvida, a pessoa mais extraordinária que a raça humana já produziu"[1].

No dia seguinte, voltei para Moscou pensando que um dia teria de escrever não uma biografia – até porque já existem centenas de livros muito interessantes e bem documentados sobre a heroína de Orléans –, mas uma obra que respondesse à pergunta eminentemente prática feita por aquele canadense: *How do you become Joan of Arc?*

---

(1) Mark Twain, *Lembranças pessoais de Joana d'Arc.*

Mais tarde, compreendi que a melhor maneira de fazer isso seria deixar Joana nos conduzir pela mão, nos treinar, cochichar algum conselho sábio em nosso ouvido – algum conselho relevante para jovens e adultos, algum conselho tirado de sua vida, que não foi menos heroica do que sua morte.

A questão não é tornar-se realmente Joana d'Arc; ela foi uma personalidade única e inimitável. Tentar reproduzi--la em nossa vida seria um grande erro. Significaria limitar a capacidade de Deus de inovar, seria atrapalhar sua criatividade e imaginação. Trata-se, antes, de tirar proveito da sabedoria de Joana, a qual ainda hoje cativa homens e mulheres de boa vontade e envolve a sua figura em um ar de mistério.

Washington, De Gaulle, Churchill... Todas essas personalidades ilustres também têm algo a nos dizer, mas é difícil imaginar um diálogo íntimo com eles. Não quero dizer que esses grandes homens não tenham méritos se comparados à imensidade de Joana, e sim que seus corações, ainda que nobres, não eram da mesma substância.

Joana é uma obra-prima cuja beleza provoca em nós emoções sublimes, que rompem os limites do nosso ser e nos elevam a alturas inesperadas. Ao contemplar Joana – sua personalidade, seus atos e suas palavras –, a camisa de força de nossa tranquilidade e mediocridade se desfaz num assombro eufórico. Joana nos transmite a beleza e a grandeza do ser humano, desperta em nós a sede de vida, de compromisso e de sacrifício.

Num mundo dominado pela «religião do ventre», Joana é uma luz na escuridão.

Nota do autor

Aos que têm apenas um conhecimento superficial da história de Joana, aconselho a começar este livro lendo a breve cronologia no final do livro. Isso lhe permitirá compreender melhor o contexto dos acontecimentos aos quais Joana se refere nos conselhos que nos dá.

Sessão 1
Encontre a vitória na derrota

Você acaba de sofrer uma derrota e está infeliz. Você não entende... Esse contratempo não fazia parte dos seus planos...

Ninguém gosta do que o mundo chama de «derrota».

Também não gostei de ser mantida prisioneira em Compiègne, e nem de ser reduzida a cinzas em Rouen, antes de minha missão ser concluída: os ingleses ainda estavam na França e o rei ainda não havia retornado a Paris.

No entanto, graças ao meu martírio, cumpri minha missão. No exato momento do meu suplício, os ingleses começaram a duvidar de sua vitória. «Estamos todos perdidos. Queimamos uma santa!», exclamavam os mais esclarecidos da comitiva do rei da Inglaterra. O moral do inimigo foi abalada. Mas, acima de tudo – e isso é o mais importante –, por meio do meu suplício conquistei o coração de milhares de homens e mulheres e acumulei uma força espiritual e material que ninguém poderia deter. Daquele dia em diante, meus soldados passaram a lutar não «ao meu lado», como antes, mas «por mim». E foram eles que terminaram minha missão.

«Eles terminaram minha missão!». Se você soubesse com que alegria pronuncio essas palavras... Eu amava as pessoas mais do que tudo, mais do que estratégias, mais do que objetivos «sagrados». Minha missão se tornou *a* missão *deles*. Minha força se tornou *a* força *deles*.

Com meu martírio, cumpri minha missão. Quem poderia prevê-lo? Todos acharam que se tratava do fim de uma bela aventura, mas era apenas o começo. Cinco anos depois, os ingleses perderam Paris e, logo em seguida, o resto do reino.

Os ingleses queriam fazer mais do que tirar a minha vida: desejavam manchar minha memória para desqualificar minha causa e, assim, desqualificar o rei da França que me devia sua coroa. Mas, sem perceber, ergueram um monumento – as *Atas* do meu julgamento – que ninguém poderá contestar, pois é obra deles. Sem esses documentos eu seria mais uma lenda do que uma realidade. Ninguém daria glória a Deus pelas maravilhas que Ele fez em mim, ninguém aprenderia com minhas virtudes. Portanto, é graças ao meu julgamento, um testemunho que não tem comparação na história, que ainda hoje continuo a trabalhar no coração dos homens. É graças aos meus juízes, às perguntas muitas vezes absurdas e humilhantes que me fizeram, que o mundo inteiro conhece a minha vida e o meu espírito. O bispo de Beauvais, Pierre Cauchon, chefe do tribunal e principal negociador do Tratado de Troyes, que entregou a França aos ingleses, queria presidir «um belo julgamento», como ele mesmo declarou. E porque queria fazer um julgamento «belo», minhas palavras foram gravadas, cronometradas e autenticadas. Na verdade, ele queria manchar a minha memória para sempre, mas quanto mais ele a manchava, mais servia aos planos de Deus. Inconscientemente, estava construindo um monumento à minha glória.

1. ENCONTRE A VITÓRIA NA DERROTA

Durante o julgamento, houve um momento em que, exausta, gostaria de ter parado de responder às perguntas. Não tinha me dado conta de que minhas respostas seriam meu triunfo... Mas Deus sabia, e foi por isso que me ordenou que respondesse corajosamente e incansavelmente a todas as perguntas dos juízes. E foi isso que fiz.

Portanto, confie em Deus como eu confiei. Onde você vê o fracasso, Deus vê a vitória. Você não tem como compreender profundamente o significado de muitas coisas. Submeta sua mente à Providência.

Sei que submeter a inteligência é algo difícil para os adultos. É preciso ter humildade, é preciso se fazer pequeno, tornar-se criança. Sempre fui uma criança diante de Deus, mesmo quando comandava exércitos e ficava ombro a ombro com os grandes deste mundo. Nunca pensei como pensam os adultos. É por isso que os adultos gostavam de me ver e de me ouvir. Viram em mim essa força invencível que nada mais é do que a confiança de uma filha em seu Pai. Eles não entendiam essa confiança – eram muito velhos para isso –, mas ela era tão grande que tinha o poder de colocá-los de joelhos... E muitas vezes os fazia chorar.

Portanto, não tema a derrota. Se suas intenções são puras, se os meios que você usa são justos, se você coloca sua inteligência no que faz e persevera em seu esforço, deixe o resultado nas mãos de Deus. Não deixe a preocupação devastar sua mente.

Alguns conselhos práticos

Identifique três grandes «derrotas» em sua vida e descubra ali todas as vitórias que você obteve ou poderia tirar delas: 1) para seu crescimento pessoal; 2) para o benefício dos outros; 3) para a qualidade de sua vida profissional, familiar e social.

Sessão 2
Tenha consciência de sua força

Você confia em Deus, mas não tem confiança suficiente em si mesmo...

Desde a mais tenra infância, disseram que você deve confiar só em Deus, e não em si mesmo. Mas se Deus tem confiança em você, é justo que você não confie em si próprio? Se Deus se alegra com os talentos que lhe deu, é justo que você não fique contente?

Ao confiar em seus talentos, você está confiando em Deus, que lhos deu.

Eu estava confiante em meus talentos. Todos os que me conheciam concordavam que eu era alta e bonita, forte e ao mesmo tempo muito feminina. Tinha voz suave e falava de uma maneira que as pessoas admiravam. Eu era sensível e não escondia minhas lágrimas. Gostava de rir e de fazer rir. Andava de cabeça erguida, tinha um olhar altivo, mas um rosto alegre. Cuidava da minha aparência quando necessário. Tive uma alma religiosa em um corpo robusto, magnífico e saudável. Tinha ciência de todos esses dons, de todos esses talentos do corpo e do espírito.

Eu queria viver a vida ao máximo. Queria alcançar os cumes de minha humanidade para realizar todo o potencial da minha natureza. Ouça o que Sir Winston Churchill disse sobre mim: «Joana d'Arc foi um ser de natureza muito elevada, e já fazia mil anos que o mundo não conhecia uma personagem de tal envergadura»[1].

Ao reconhecer nossos talentos, agradecemos a Deus que nos criou. Recusar-se a reconhecer os talentos não é humildade, mas ingratidão. Reconhecer os próprios talentos, aumentá-los e usá-los bem constitui a virtude da magnanimidade, a virtude dos grandes.

E eu, que era criança diante de Deus, nunca deixei de multiplicar os dons que tinha recebido. Eu era grande, magnânima. Essa magnanimidade fez crescer em mim a esperança, inebriando-me e me impelindo à ação. Diante da missão a cumprir, meu coração dilatava-se, minha alma ganhava impulso, meu corpo se elevava acima de todas as dificuldades.

Eu tinha confiança em Deus, mas também em mim mesma. Minha esperança humana era compatível com a esperança sobre-humana e sobrenatural que Deus colocara em minha alma no dia do meu batismo.

Eu esperava tudo de Deus, como se eu não pudesse fazer nada sozinha; e esperava tudo de mim mesma, como se Deus não existisse. Eu era uma criança diante de Deus, mas uma «gigante» diante dos homens.

Em mim, a imensidão do humano não foi engolida pela imensidão da graça.

Lembre-se do que G. K. Chesterton escreveu sobre minha pessoa: «Joana d'Arc não ficou presa na encruzilhada, isto é, não rejeitou todos os caminhos como Tolstói e não aceitou-os todos como Nietzsche. Escolheu, antes, um caminho e veio por ele sem hesitar, como um raio... Tolstói louvou o camponês; ela era camponesa. Nietzsche louvou o guerreiro; ela era a guerreira. Ela venceu os dois em seus

---

(1) Winston Churchill, *The Birth of Britain,* capítulo 26.

2. TENHA CONSCIÊNCIA DE SUA FORÇA

respectivos campos; foi mais doce que o primeiro e mais violenta do que o segundo»[2].

Não fui uma «supermulher» por montar um cavalo e liderar exércitos. Não fui uma «supermulher» porque, com o golpe da minha espada, podia eliminar algumas dezenas de soldados inimigos – em batalhas, não matei ninguém; só ergui meu estandarte. Não fui uma «menina-moleque».

Eu fui uma «supermulher» porque desenvolvi ao máximo todas as qualidades da feminilidade.

Fui uma mulher tal que fiz Voltaire chorar... de ódio.

Aquele homem abominável via em mim a encarnação do humanismo cristão, aquela que revelava a inconsistência de todas as suas teorias. As filhas de Deus, quando são verdadeiramente filhas do Homem, assustam os inimigos de Jesus Cristo. São belas demais para passarem despercebidas. Linda, eu realmente era. Na minha beleza, Voltaire tomou consciência de sua feiura e escreveu um panfleto – *A donzela de Orléans* – em que pôs mais de oito mil versos para me desonrar.

O poeta alemão Friedrich von Schiller saiu em minha defesa. «Ó, virgem, a zombaria te arrastou pela lama... Mas não temas: ainda há belas almas que se inflamam pelo que é admirável»[3]. Mas foi sobretudo o poeta Aleksandr Pushkin que veio em meu auxílio e restaurou minha honra. Horas antes de sua trágica morte em São Petersburgo (1837), ele escreveu estas palavras, no que acabou sendo sua última obra: «Não há assunto na história moderna mais comovente e mais poético do que a vida e a morte da heroína de Orléans. O que Voltaire, este digno representante do povo francês, fez com isso? Uma vez na vida lhe

---

(2) G. K. Chesterton, *Ortodoxia,* capítulo III.

(3) Friedrich von Schiller, *Die Jungfrau von Orleans*, 1801.

foi dado ser poeta, e veja como usou a sua inspiração. Com seu hálito satânico, atiça as chamas agonizantes em meio às cinzas da fogueira e, como um bêbado selvagem, dança ao redor de sua ardente festa. Como os carrascos romanos de outrora, acrescenta insultos ao sofrimento mortal da virgem... Todos na França receberam com entusiasmo este livro em que o desprezo por tudo o que é sagrado ao homem e ao cidadão atinge as alturas do cinismo. Que século triste! Que gente triste»[4].

Que cavalheiro, este russo! No momento de sua morte – ele morreu num duelo –, pedi a Deus que lhe concedesse a graça do arrependimento. Devia isso a ele.

Isso é o que eu queria dizer a você hoje. Descubra seus talentos. Multiplique-os. Viva a todo vapor. Que sua humildade não seja pusilanimidade! Que sua humildade nunca se desvie da sua magnanimidade! Desenvolva seu potencial humano até a exaustão e não tenha medo de, por isso, fazer vomitarem de ódio os fanáticos do humanismo e os fanáticos do cristianismo mal vivido.

Alguns conselhos práticos

Faça uma lista dos talentos – físicos, espirituais, culturais – que você recebeu de Deus, de seus pais, avós, irmãos, irmãs e amigos. Considere os talentos que vêm do seu temperamento fisiológico: a ação, para o colérico; a criatividade, para o melancólico; a comunicação, para o sanguíneo; o pensamento racional, para o fleumático. «No que sou bom?». Pergunte a seus pais, amigos, professores. Procure, em seguida, multiplicar esses talentos no trabalho, na família e na vida social.

---

(4) Aleksandr Pushkin, *Posledniy iz svojstvennikov Ioanny d'Ark*, 1837.

Sessão 3
Desenvolva mais a magnanimidade do que a autoestima

Você está ciente de seus talentos e está fazendo de tudo para desenvolvê-los. Mas ainda tem dúvidas: as más línguas dizem que lhe falta humildade...

Fique tranquilo. Muitos têm uma falsa compreensão da humildade. Saiba que humildade não é miserabilismo. Ela é a virtude de quem vive na verdade de si. E a verdade é que você recebeu talentos que devem dar frutos. Assim, a humildade anda de mãos dadas com a magnanimidade.

Magnanimidade é um conceito que vem dos gregos e que o humanista romano Cícero forjou para o Ocidente anos antes do nascimento de Cristo. A magnanimidade é a virtude de quem se considera capaz de grandes coisas, de quem tem consciência da própria dignidade e grandeza e que afirma esta dignidade e grandeza nas suas ações.

Muito se tem falado sobre a humildade para enfatizar esta grande verdade: Deus é a *fonte* de todo bem. Mas não se fala muito da magnanimidade, da *grandeza* do bem que nos foi dado. A fonte desse bem nos interessa, mas o bem em si passa despercebido. Acredita-se que a magnanimidade ofusca a humildade. Trata-se de um grave erro teórico, pois se a humildade é a virtude de quem vive na verdade de si, a magnanimidade – a virtude de quem tem consciência da própria dignidade e grandeza – é parte integrante desta humildade, desta verdade. A verdade sobre a fonte da grandeza não deve ocultar a verdade sobre a própria grandeza.

Reconhecer sua dignidade e grandeza é um ato de humildade, pois o leva à verdade sobre si mesmo.

Você me dirá: «Mas e a modéstia?». Ora, a modéstia não deve ser um obstáculo à humildade. A humildade é mais importante do que a modéstia. Lembre-se das palavras de C. S. Lewis: «A humildade perfeita dispensa a modéstia. Se Deus está satisfeito com a obra, a obra pode ficar satisfeita consigo»[1].

Você sabia que minhas vozes me chamavam de «Filha de Deus»? Diziam: «Vá, filha de Deus». Eu tremia ao ouvir essas palavras. Tremia de felicidade. Caía em êxtase toda vez que as ouvia. Por ser filha de Deus, embarquei nesta aventura. Foi um senso de minha dignidade pessoal o que me levou a agir. «Sou filha de Deus e expulsarei os ingleses da França. Foi para isso que nasci». Eram as palavras que gostava de repetir e com as quais afirmava a minha dignidade. Alguns achavam que isso era orgulho. Estavam errados, pois era a verdade o que eu afirmava. Outros disseram que tratava-se de falta de modéstia. Estavam certos: eu era humilde demais para me preocupar com a modéstia.

Achar que a magnanimidade ofusca a humildade é um grave erro teórico. Mas as consequências práticas desse erro são ainda mais graves: deixar o campo da grandeza para os incrédulos, agnósticos e ateus é deixar em suas mãos este mundo que Cristo resgatou para os filhos e filhas de Deus. Que desgraça! Que injustiça!

---

(1) C. S. Lewis, *O peso da glória* (1941).

3. DESENVOLVA MAIS A MAGNANIMIDADE

Temos falado sobre humildade da maneira errada. É verdade que o homem por si só não é nada, mas o homem que foi criado à imagem de Deus, resgatado pelo Filho e divinizado pelo Espírito Santo é um milagre da graça. Todo homem é chamado para ser filho de Deus. Esta verdade íntima, esta realidade sublime, deve inspirá--lo a realizar grandes coisas. Você não precisa buscar fora do cristianismo uma razão para ser magnânimo. Você é filho de Deus – não há dignidade maior do que essa. Esta dignidade deve encorajá-lo a sonhar e a converter seu sonho em missão.

Fala-se muito, hoje em dia, em «autoestima». Mas saiba que você não precisa de mais autoestima do que de modéstia. Magnanimidade e autoestima são duas coisas muito diferentes. Magnanimidade é uma virtude, um hábito espiritual; a autoestima é um sentimento psicológico. Uma virtude é algo estável e objetivo; um sentimento pode ser assaz instável e é sempre subjetivo. Você pode se levantar pela manhã com uma forte sensação de autoestima e, à noite, ir para a cama se sentindo um fracasso total. Uma pessoa pusilânime pode ter muita autoestima, e uma pessoa magnânima pode ter uma autoestima bastante limitada. *Sentir* a própria grandeza (autoestima) não é a mesma coisa que *ter consciência* da própria grandeza (magnanimidade). Para sentir a própria grandeza não é necessário conhecer a si mesmo; a lisonja é suficiente para nos dar a ilusão de sermos grandes. A magnanimidade é o resultado do autoconhecimento, enquanto a autoestima depende, em grande parte, de como somos percebidos pelos outros.

Lembre-se: você precisa mais de humildade do que de modéstia; e mais de magnanimidade do que de autoestima.

Alguns conselhos práticos

Identifique os momentos de sua vida em que você ficou paralisado pela modéstia: «Quem sou eu para querer salvar o mundo? Há outros mais capazes... Não sou um gênio, não estudei em Harvard ou Stanford. Não sou um super-homem, não sou uma estrela. Sou apenas um bom menino ou uma boa menina, nada mais». Esteja convicto de que um mero passo separa um «bom menino» de um «cara valente». Medite sobre esses momentos de pusilanimidade e decepção em que você perdeu a consciência da própria dignidade e de seus talentos. Corrija esses momentos, caso ainda seja possível fazê-lo. Mas, acima de tudo, é preciso se impregnar desta convicção: o desespero é um vício mais grave do que a presunção (acreditar-se capaz de algo quando se é incapaz de fazê-lo), porque o desespero condena o homem à mediocridade ou à decadência. Se por temperamento você for bastante fleumático, este exercício lhe custará mais que a outros, uma vez que você tende a subestimar seus talentos, a ficar satisfeito com a rotina, a aceitar facilmente o *status quo*. Não se desencoraje. Aprenda a sonhar. Muitos fleumáticos praticaram a magnanimidade de forma notável.

Sessão 4
Crie um plano de crescimento pessoal

Você me pergunta o que deve fazer para se tornar grande...

Respondo:

• Identifique, no decorrer deste ano, várias pessoas magnânimas que você gostaria de conhecer. Procure a companhia delas. Observe-as. Aprenda com elas a sonhar, decidir, agir. Estude a vida das personalidades nobres da história. Estude a minha vida.

• Crie um *ambiente magnânimo* ao seu redor. Seu ambiente são os livros que você lê, os filmes que assiste, as imagens que contempla, a música que ouve. É a internet, com toda a sua grandeza e toda a sua miséria. Seja seletivo, rejeite o que é moralmente duvidoso e preencha o coração e a mente com coisas belas e nobres.

Eu vivi num mundo muito diferente do seu. Tínhamos menos tentações do que hoje em dia. Suas tentações estão cheias de artifícios, são provocadas pelo mundo da ideologia e do comércio. Eles manipulam você dia e noite. Não se deixe manipular. É verdade que o homem é um ser social que não pode fugir das influências. Portanto, escolha as influências que deseja para si – as *influências positivas* de que você precisa. Faça planos para você e sua família e siga-os.

Cresci com uma estrutura de apoio que meus pais criaram para mim e que aceitei livremente quando adulta. Nessa estrutura, dei grandes passos sem saber. Tive sorte, é claro, de ter pais virtuosos. Durante a adolescência, poderia ter jogado tudo o que recebi pela janela, mas não fiz isso: guardei tudo.

Portanto, lembre-se destas palavras: ambiente magnânimo, influências positivas, atmosfera de apoio. Seja inteligente o suficiente para criar um ambiente assim e forte o suficiente para não abandoná-lo.

• Aprenda a experimentar a grandeza da vida cotidiana. Contemple tudo o que há de nobre nela.

Percebi a grandeza nas pequenas coisas do meu tempo. Não fui à escola, mas com minha mãe eu fiava, lavava as roupas e cozinhava. Às vezes, trabalhava no estábulo, ia aos campos e, dependendo da vontade de meu pai, passava a grade ou o arado com minhas próprias mãos, além de cuidar do rebanho da aldeia na campina comunal. Via como minha mãe preparava as refeições. Com sua culinária, ela nos educou não apenas fisicamente, mas também espiritualmente. Por meio de um talento que refletia grandeza, ela nos deu a todos um senso de nossa própria dignidade e nos encorajou a dar sempre o melhor de nós mesmos.

• Deixe-se surpreender com as coisas que são maiores do que você.

Vi muitas coisas pelas quais me deixei encantar: a natureza, as plantas, os animais, o trabalho árduo dos ho-

4. CRIE UM PLANO DE CRESCIMENTO PESSOAL 43

mens e mulheres de Domrémy. Fui facilmente tocada pela beleza, pela bondade, pela virtude, sem tentar reduzir à minha pobre capacidade de compreensão as realidades que estavam além de mim. Não tentei «compreender», conter, possuir. Em vez disso, deixei-me surpreender, ser apresentada, ser abraçada pelo que era maior do que eu. Aprendi a contemplar a beleza, a me maravilhar com ela e a dar-lhe uma resposta adequada. Meu coração livre acostumou-se a dizer «sim» aos impulsos e inspirações divinas que se manifestavam nas profundezas do meu ser. Abri meu coração para a transcendência. Aprendi a me deixar amar antes de aprender a amar. Eu praticava a contemplação antes de praticar a ação.

• Faça um plano diário para seu crescimento espiritual e cultural, estabelecendo horários precisos para meditação, leitura e esportes.

Eu ia à igreja todos os dias para assistir ao Santo Sacrifício. Prostrava-me diante da Cruz. Falava com Jesus e Maria. À noite, quando o sino tocava para as completas e me surpreendia ainda no campo, fazia uma genuflexão e elevava minha alma a Deus. Não fazia essas coisas de vez em quando, mas todos os dias. É a regularidade, e não a emoção do momento, o que edifica o caráter e educa o coração.

• Não se compare com ninguém. No que diz respeito à dignidade, todos os seres humanos são radicalmente iguais. Mas, do ponto de vista de seus talentos, são radicalmente diferentes. São muitos os que seriam capazes de fazer milagres, mas acabam por fazer apenas meninices porque a turba é seu único ponto de referência.

Eu estava ciente dos imensos talentos que Deus me concedera. Não me comparei a ninguém, nem a Hauviette, nem a Mengette, minhas amigas de infância. Eu as amava muito, e meu senso de justiça me dizia que Deus não poderia exigir delas o que exigia de mim.

• Não deixe passar a oportunidade de agir. Deixar a oportunidade passar, não agir por medo ou preguiça – é isso o que faz você sofrer. Lembre-se: o mal não é o mal que os outros fazem, mas o bem que você pessoalmente não faz.

Não fiquei esperando em Vaucouleurs, aonde fora pela segunda vez para convencer Roberto de Baudricourt, o capitão real, a me levar até o soberano, em Chino. Tinha pressa em partir a fim de cumprir minha missão. Acabara de completar dezessete anos, e o tempo pesava sobre mim como se em uma mulher prestes a tornar-se mãe. Baudricourt ainda não me levava a sério, mas desta vez eu não tinha a intenção de recuar. Na rua, passei por um jovem cavaleiro, Jean de Metz, e lhe disse com toda a raiva que me consumia: «Vim aqui para falar com Roberto de Baudricourt, para que ele me leve ao rei. Mas ele não se importa nem comigo, nem com as minhas palavras. No entanto, antes de meados da Quaresma, é preciso que eu esteja diante do rei, *porque ele não terá ajuda senão por meio de mim*».

Insisti nestas últimas palavras. Aquela nobre alma entendeu o que eu estava dizendo. Ele colocou sua mão sobre a minha como sinal de fé. Foi ele, um jovem de 31 anos, quem convenceu Baudricourt a abraçar minha causa. Ele também foi o líder da pequena tropa que me acompanhou até Chinon.

Aja sempre como se «ninguém mais pudesse ajudar, a náo ser você».

• Uma última coisa: lembre-se de que o magnânimo arrisca tudo porque tem medo de perder o que é mais do que tudo.

Alguns conselhos práticos

Elabore uma lista de pessoas magnânimas (vivas, mortas, personagens literários) que você possa estudar e nas quais se inspire. Enumere os recursos que usará na internet, os livros que lerá, os filmes que assistirá. Que «ambiente» você abandonará? Procure um conselheiro qualificado que possa ajudá-lo a estabelecer e alcançar objetivos magnânimos.

Sessão 5
Cultive a sua piedade filial

Aos poucos você descobre sua própria grandeza – sua dignidade, seu talento. Sinta-se encorajado a continuar por este caminho, que é o caminho da verdade. Mas há uma coisa em que você deve refletir com frequência: sem Deus, você não é nada.

Quanto mais consciente você estiver de sua grandeza pessoal, mais deve reconhecer que a grandeza é um dom de Deus.

Magnanimidade sem humildade é tudo menos magnanimidade; é uma mentira com consequências catastróficas. Sua grandeza é um presente de Deus. Sua força é um presente de Deus. São coisas que você deve oferecer e consagrar a Ele.

Uma pessoa humilde tem os olhos fixos em Deus, que é a fonte inesgotável de seu ser.

Eu sabia que sem Deus eu não era nada. Procurei sua presença a todo momento e recorri a Ele com naturalidade. Não me limitei aos deveres que a religião prescreve. Busquei apaixonadamente a face de Deus, a comunhão com Ele. Fui uma alma piedosa e religiosa desde a primeira infância. Devo minha piedade à minha mãe, Isabelle. Tudo o que sabia sobre a vida cristã, aprendi com os ensinamentos e exemplos de minha mãe.

Os jovens zombavam de mim por causa da minha religiosidade. Minha amiga Mengette costumava me acusar de ser muito piedosa. Para mim, essa reprovação era um elogio que me deixava envergonhada.

Minha fé se traduziu em boas obras. Quando tinha algum dinheiro, dava esmolas. Acolhi os pobres e consolei os doentes.

Em Vaucouleurs, onde minha aventura começou, assistia à Missa matinal todos os dias e, depois, ficava muito tempo em oração. Descia até a capela subterrânea e me ajoelhava diante de uma imagem de Maria, com a cabeça baixa ou erguida para o céu. Mais tarde, no tribunal, exaltada e glorificada pelos oficiais militares e pelo clérigo, continuei sendo a mesma pessoa que minha mãe forjara.

Fui *naturalmente* sobrenatural. Cumpri a vontade de Deus com simplicidade: sabia – assim me diziam minhas vozes – que seria feita prisioneira, mas se soubesse que isso aconteceria em Compiègne não teria ido. Não tinha o hábito de me jogar na cova dos leões. Deus sabia bem o quanto de bom senso me havia concedido, e é por isso que não me informou sobre os detalhes da minha captura. Meu bom senso teria interferido em seus planos. Comportei-me com tanta naturalidade que, quando feita prisioneira dos borgonheses, tentei fugir duas vezes. Não é o dever de um prisioneiro tentar fugir? Após o fracasso de minha primeira tentativa de fuga do castelo de Beaulieu, concluí que Deus não queria que eu o fizesse. Mas não pude resistir a uma nova tentativa, desta vez do castelo de Beaurevoir: sofri uma queda de mais de vinte metros. Eu deveria ter morrido. Deus me salvou, mas não ficou feliz comigo naquele dia. Tive de me confessar.

Eu era piedosa – de uma piedade simples e natural. Não havia nada de extravagante ou de bizarro em mim.

A minha religião era popular: vivia da oração, do Evangelho, da Confissão e da Eucaristia. Era uma cristã boa e ciente do poder de sua consagração batismal. É por isso que gostava de dizer que tinha sido «bem batizada». Meu Batismo me deu dignidade, força, vocação e rumo. Tirei do meu Batismo a minha dignidade, a minha força, a minha vocação e o rumo da minha vida.

Eu vivi perto de Deus.

A piedade começa com a verdade. E a grande verdade é que sem Deus você não existe. Quem não é capaz de entender essa verdade não pode ser humilde nem piedoso.

Se a vida é um dom de Deus, a indiferença religiosa é uma abominação. Se Deus quis que você existisse, a justiça exige que você o ame com todo o seu coração, com toda a sua inteligência e com toda a sua alma. Portanto, eu o encorajo a ser piedoso. Que sua piedade seja como a de uma criança – natural, sincera, confiante.

Alguns conselhos práticos

Qual é a qualidade do seu relacionamento com Deus? Quantas vezes por dia você se coloca diante da presença dEle? Você busca assiduamente a face divina no meio das atividades normais? A sua oração diária é o diálogo íntimo de um filho ou filha com seu Pai, ou é apenas a recitação impessoal de frases rotineiras? Crie um plano diário de piedade, adaptado às suas obrigações familiares, profissionais e sociais – um plano que você possa cumprir todos os dias, quer esteja cansado ou disposto, quer tenha tempo sobrando ou não, pois este plano deve ser a grande prioridade estratégica da sua vida.

Sessão 6

Ajude a si mesmo... e o Céu irá ajudá-lo

Você reza muito, mas não se empenha em nada.

Você tem de rezar, mas também agir. «Ajude a si mesmo e o Céu irá ajudá-lo». Costumo repetir essas palavras. Elas entraram para a história. Quando os teólogos de Poitiers me perguntaram por que eu precisava de um exército se era a vontade de Deus libertar o povo francês, eu disse a eles: «Os soldados lutarão e Deus concederá a vitória». Eles ficaram estupefatos com a profundidade e a simplicidade de minha teologia.

Em Paris, o rei não queria combater, e isso foi um desastre.

Depois da coroação de Reims, nada poderia deter o movimento que restituía as cidades da França a Carlos VII, mas era preciso tomar Paris a qualquer preço. Sem ela, a posse de outras cidades não teria durado, não poderia ser assegurada. Então, decidi atacar Paris. Fui traída: no momento mais propício para nossos exércitos, o rei decidiu recuar. O ataque a Paris falhou, dando nova força aos ingleses e comprometendo minha autoridade. Eu disse que a cidade seria tomada, mas sob a condição de que perseverássemos. Em Orléans, diante da fortaleza de Les

Tourelles, nossos capitães também quiseram recuar depois que fui ferida no ombro. Eu os dissuadi e tomamos a bastilha. Se tivéssemos feito a mesma coisa em Paris, apesar de minha ferida na perna, teríamos sucesso semelhante. O rei traiu não apenas a França, mas também a Deus, que estava engajado naquela batalha.

Deus está conosco. Ele se alegra com nossas vitórias. Ele não quer vencer sozinho.

A guerra que você está travando é uma guerra total. Já não se trata de salvar a França dos ingleses, mas de salvar a humanidade da autodestruição. O mundo em que você vive sacrifica, todos os dias, a dignidade e a liberdade de milhões de seres humanos no altar do prazer. Cada vez mais sexo e cada vez menos liberdade: esta é a grande realidade da religião do ventre, que Fiódor Dostoiévski anunciava já em 1880, na sua famosa lenda do «Grande Inquisidor»[1], e Aldous Huxley, em 1932, no seu *Admirável mundo novo*. O Ocidente está conduzindo uma guerra implacável contra o Criador e Sua criação.

Essa é a guerra derradeira porque a revolução tecnológica torna possível o imaginável.

Não é suficiente que você saiba essas coisas e que reze. Você deve agir e investir contra o centro do poder do inimigo. Sua responsabilidade é enorme. Seu silêncio é mortal. O que você chama de «prudência» nada mais é do que pusilanimidade e covardia.

Se você se calar agora, logo não terá o direito de pensar diferente: será perseguido até dizer um «sim» entusiasta e sincero a todos os delírios obscenos do *Big Brother*. E, como as massas manipuladas pela mídia, você acabará

---

(1) Fiódor Dostoiévski, em *Os Irmãos Karamázov*, Parte II, Livro V, Capítulo V.

odiando a vítima e aplaudindo o carrasco. Você acabará crucificando Cristo, democraticamente.

Alguns conselhos práticos

Passividade, quietismo, escapismo – são diversas as maneiras de frustrar a graça de Deus. Se você tem um temperamento melancólico, a ação é um desafio para você, que tem medo do desconhecido e precisa sempre ter certeza de tudo. Não desanime. Prepare-se para assumir riscos. Durante o próximo ano, tome algumas decisões ousadas na sua vida profissional, social, espiritual e familiar. E não demore para realizá-las.

Sessão 7
Coloque sua inteligência em tudo o que você faz

Você confia em Deus, mas não pensa. Você tende a acreditar que, sendo piedoso, não precisa ser inteligente...

Nunca achei que a sabedoria divina deveria substituir minha inteligência. Coloquei meu coração no cumprimento da minha missão, mas nunca me esqueci de colocar também meu cérebro.

Desde o início de minha vocação, ainda criança, nada mudei na minha conduta. Ninguém sabia o que se passava dentro de mim, nem mesmo o padre que ouvia minha confissão. Mantive minha vocação em segredo para garantir meu sucesso quando chegasse a hora de agir. Temia as armadilhas dos borgonheses, temia a resistência de meu pai. Apesar de muito jovem, enfrentei a realidade e tomei decisões de acordo com essa realidade. Nada me obrigava a silenciar essas coisas, mas entendi que era o melhor a se fazer. Então, me mantive calada.

Fui perspicaz em relação à minha vocação e também nos assuntos de guerra. Ao contrário da opinião dos capitães, sempre quis desferir um golpe no coração do poder inglês. Muitas vezes eles não desejaram me obedecer, mas sempre tiveram de admitir que eu estava certa. No campo de batalha de Orléans, precisei intervir três vezes para mudar os planos dos capitães, e foram as minhas intervenções que nos levaram à vitória. Eu tinha um conhecimento de guerra que só o tempo parece capaz de dar. Sabia como fazer uso de lanças, como posicionar o exército, como comandar a batalha e organizar a artilharia. Eu era muito admirada – sobretudo, pelo uso da artilharia, para a qual possuía um talento consumado. Era iletrada, porém sábia; era mais prudente e perspicaz do que todos os estudiosos da política e dos exércitos. Percebia realidades que eles não percebiam, apesar de serem mais velhos e experientes.

Tive prudência e perspicácia nos assuntos da minha vocação, nos assuntos de guerra e, sobretudo, nos assuntos que diziam respeito ao meu julgamento.

Nunca me deixei enganar pelo bispo Cauchon, quando ele fingia ter bons sentimentos. Cauchon, que mandara forjar uma jaula de ferro na qual gostaria de me manter de pé, acorrentada no pescoço, nas mãos e nos pés, me chamou de «Joana, minha querida amiga». E ainda me disse: «Faço tudo para o seu próprio bem. É nas inspirações mais nobres de seu coração, no êxtase de uma alma piedosa, na exaltação de um patriotismo ardente, que está a fonte da ilusão que você propaga de boa fé». «Querida amiga», «nobre coração», «alma piedosa», «ardente patriotismo», «boa fé»... Não se deixe manipular por esse tipo de bajulação hipócrita, que é o instrumento privilegiado do diabo. Eu vi o coração de Cauchon, tive pena e rezei por ele.

Fui clarividente, rápida e criteriosa.

Com uma tática inteligente, meus juízes intercalaram suas perguntas e mudaram constantemente de assunto para que eu caísse em contradição. Mas eu tinha boa memória!

Eles estavam determinados a saber que sinal eu havia dado ao rei em Chinon para que ele pudesse entender que

7. COLOQUE SUA INTELIGÊNCIA EM TUDO 63

minha missão vinha de Deus. Para manter o segredo, os confundi com alegorias que não conseguiam assimilar.

Um de meus juízes me perguntou se eu estava na graça de Deus. Era uma armadilha: se eu dissesse que não, estaria mentindo e admitindo que minha missão não vinha de Deus; se eu dissesse que sim, isso poderia ser interpretado como orgulho. Eu respondi: «Se eu não estou em graça, que Deus me coloque; se estiver, que Deus me proteja, pois eu seria a criatura mais triste do mundo se soubesse que não estou na graça de Deus!». O juiz ficou confuso e os oficiais do tribunal, estupefatos. Eles suspenderam o interrogatório para permitir que o público recuperasse o fôlego.

Os membros do tribunal ficaram tão impressionados com a força e a simplicidade de minhas respostas que Cauchon, com medo, encerrou o interrogatório público. Mais tarde, durante as sessões na prisão, perguntaram-me se me submetia à Igreja. Se eu dissesse que sim, estaria abandonando minha missão à arbitrariedade dos juízes que rejeitaram categoricamente meus apelos ao Papa; se dissesse que não, tornar-me-ia suspeita de heresia. Respondi: «Creio que Nosso Senhor e a Igreja são um, e não devemos complicar a questão. Por que você está criando problemas com isso?». Lembrei aos meus juízes que Cristo deve ser colocado em primeiro lugar – Nosso Senhor primeiro – e que eles, pessoas da Igreja, tinham a obrigação de amá-Lo, ao invés de crucificá-Lo. Não recusei ser julgada pela Igreja. Aceitei até onde tinha a certeza de que não encontraria, sob o nome da Igreja, os seus próprios inimigos. E Cauchon era inimigo da Igreja ainda mais do que era inimigo da França: no concílio de Basileia, anos depois, acusaria não a mim, mas o bispo de Roma, o chefe da Igreja Universal, de heresia. Até tentou depô-lo...

Ao recorrer ao Papa, eu já previa que o julgamento que me entregara ao carrasco seria anulado anos depois por um tribunal que o próprio Santo Padre iria convocar.

Aprenda com a minha lucidez, com minha perspicácia e presença de espírito, com a audácia da minha linguagem, com a forma justa e simples com que escapei a todas as armadilhas desta luta travada por eruditos tão hábeis quanto perversos.

«Por causa da Sabedoria me louvarão as assembleias; e, embora jovem, me honrarão os anciãos. Nos julgamentos há de luzir minha agudeza, instigarei a admiração dos soberanos. Se me calo, ficarão em expectativa; se falo, prestarão atenção; se me alongo no discurso, colocarão a mão sobre a boca»[1]. Foi esse texto do *Livro da Sabedoria* que a Igreja escolheu como primeira leitura na Liturgia que celebra em minha memória.

A sabedoria é um dom divino que se baseia em nosso esforço por praticar a virtude da prudência. Eu pratiquei a prudência como poucos o fizeram antes de mim. Para ser prudente, é preciso ter um coração reto e uma vontade forte.

Alguns conselhos práticos

A prudência não consiste em ser astuto, esperto ou hábil, mas em perceber as situações em sua complexidade e em tomar decisões de acordo com essa percepção. A prudência é composta essencialmente de dois elementos: deliberação e decisão. Qual é a qualidade de sua *deliberação*? Você costuma encarar a realidade de frente?

---

(1) Sb 8, 10-12.

7. COLOQUE SUA INTELIGÊNCIA EM TUDO

Você não «reconstrói» com muita frequência a realidade (mentindo para si mesmo), a fim de que ela sirva a seus interesses e satisfaça as suas paixões? Dito de outra forma, você não costuma «procurar problemas» que justifiquem suas soluções, em lugar de soluções que respondam a seus problemas? Qual é a qualidade de sua decisão? Você costuma superar o medo de estar errado? Você implementa suas decisões sem demora?

Sessão 8
Descubra sua missão

Você tem sede de grandes coisas e faz planos ousados, mas Deus não tem lugar nesses planos. Trata-se de planos seus, e não dEle. Sua piedade não permeia a sua vida...

Deus tem um plano para você. Descubra este plano e o coloque em prática. Essa é a grande tarefa da sua vida.

A verdadeira piedade consiste sobretudo em ouvir. Foi porque dei ouvidos a Deus que ouvi minhas vozes. Tinha treze anos. Na primeira vez, fiquei com muito medo. Duas ou três vezes por semana, as vozes me exortavam a partir para a França[1]. Quando eu já havia completado dezesseis anos e chegara a hora de partir, disse às minhas vozes que eu era apenas uma menina pobre que não sabia andar a cavalo nem fazer guerra. Tinha medo principalmente de mim mesma, pois sabia que, uma vez que embarcasse nessa aventura, iria até o fim. Mas como era piedosa, venci meu medo. Dali em diante, tinha apenas um pensamento: cumprir a vontade de Deus. A vontade de Deus tornou-se minha obsessão. Costumava dizer que teria preferido ser

---

(1) Joana nasceu e viveu em Domrémy, no Ducado de Bar, na fronteira nordeste do Reino de França. A parte do ducado em que nasceu devia lealdade à coroa francesa; a outra parte estava sob o Sacro Império Romano.

puxada por quatro cavalos para ser esquartejada do que ir para a França sem a vontade de Deus.

Meu amor pela França não era fruto de um patriotismo exacerbado. É verdade que meu pai era um patriota. Mas o que me obcecava era a vontade divina. Não foi meu patriotismo que deu origem às minhas visões; foram minhas visões que deram origem ao meu patriotismo. Minhas vozes me aconselharam a fazer coisas que eu nem poderia imaginar; me mandaram fazer o que eu relutava em fazer.

Tive piedade dos franceses porque Deus tinha piedade deles. Eu amei a França por Deus.

«Filha de Deus». Era assim, como disse, que minhas vozes me chamavam. Por causa desse título, mandaram-me para a fogueira: fui condenada como herege porque insisti em dizer que tinha sido enviada por Deus para fazer a sua vontade. Não fui queimada como prisioneira de guerra... Não se queimam prisioneiros de guerra.

Muitos queriam me transformar em um símbolo de patriotismo. Isso porque não me compreendiam – ou não queriam me compreender. A Igreja canonizou-me muito tempo depois – quinhentos anos após a anulação do meu julgamento – para evitar qualquer confusão a este respeito. Eu não sou uma «patriota»: sou alguém que ama a vontade de Deus.

A França se recuperará no dia em que começar a me entender.

Aqui está o que Jules Michelet, o famoso historiador do século XIX, escreveu sobre mim:

A França [...] era, até então, uma coleção de províncias, um vasto caos de feudos, um grande país de vaga ideia. Mas a partir daquele dia, por força do coração,

8. DESCUBRA SUA MISSÃO

tornou-se uma pátria. Lindo mistério. Tocante, subli-me! Como o imenso e puro amor de um coração jovem acendeu um mundo inteiro, conferiu uma segunda vida, a vida autêntica, que só o amor pode dar... Ela amou tanto a França! [...] E a França, tocada, começou a amar a si mesma... Nossa pátria nasceu do coração de uma mulher, da sua ternura, das suas lágrimas e do sangue que ela deu para nós[2].

É lindo, bem escrito e comovente... mas é mentira. É uma mentira pelo que não diz. Michelet queria laicizar o Evangelho de Cristo, transformar o messianismo cristão num messianismo popular. Trata-se de um truque e de um sacrilégio. Não fui eu quem salvou a França, mas Deus. E se Deus não a tivesse feito por meio de mim, teria feito de alguma outra forma.

Até o duque de Bedford, chefe das forças inglesas, era menos ingênuo do que Michelet. Inicialmente estava certo da vitória, mas viu todas as suas esperanças confundidas – suas fortalezas tomadas, suas tropas derrotadas em campos abertos, suas guarnições capitulando e seus soldados, antes tão orgulhosos, completamente desmoralizados... Ele entendeu imediatamente que aquele não era o trabalho de uma «patriota», mesmo de uma «patriota» muito talentosa. Ele compreendeu se tratar de um poder sobrenatural e não hesitou em atribuí-lo ao diabo.

Se eu fosse apenas uma «patriota», não teria tratado os soldados feridos – fossem franceses ou ingleses – com o mesmo cuidado.

Se eu fosse apenas uma «patriota», não teria chorado pela alma de William Glasdale – o comandante inglês

---

(2) Jules Michelet, *Joana d'Arc*, 1841.

em Orléans que, do alto de sua fortaleza, me chamou de «a prostituta dos Armagnacs» – quando caiu da muralha do Loire e se afogou.

Se eu fosse apenas uma «patriota», meu nome não teria se espalhado pelo mundo inteiro, e homens como Winston Churchill, G. K. Chesterton e Mark Twain provavelmente nunca teriam se interessado pela minha história. Fui um dom de Deus para toda a humanidade. Querer fazer de mim a encarnação do sentimento nacionalista não é apenas injustiça: é uma blasfêmia.

A grandeza de minha figura não tem utilidade nenhuma para grandes fórmulas patrióticas. Tentam me dessacralizar, me apresentar como *la France incarnée* – a França encarnada –, ao passo que o sinal da minha missão era a castidade, o oposto do que a França era na época e do que é hoje. Quando, aos treze anos, compreendi que era a voz de um anjo que se manifestava para mim, ofereci a Deus meu coração e meu corpo para estar totalmente disponível a seu serviço. Eu escolhi meu nome: *la Pucelle*, a virgem. Apesar da minha beleza, meu charme e elegância, eram raras as pessoas que tinham pensamentos impuros na minha presença. E aqueles que, na minha presença, passaram por tentações carnais nunca se atreveram a ceder a elas. Na minha presença, as pessoas eram contagiadas a se tornarem castas. Inflamei os corações de meus soldados com o amor divino que ardia em minha alma. No entanto, para evitar qualquer sacrilégio por parte de espíritos pervertidos, durante nossas campanhas permaneci armada dia e noite. E, quando estive na prisão, recusei-me categoricamente a usar roupa de mulher.

Eu era mais a castidade encarnada do que a França encarnada. Queria que os soldados permanecessem, como eu, na graça d'Aquele em quem eu buscava a minha força.

8. DESCUBRA SUA MISSÃO 73

Combatia neles o vício como seu inimigo mais perigoso e o maior obstáculo ao seu triunfo. Expulsei as «meninas» do acampamento. Não havia lugar para elas em um exército liderado sob a invocação da Virgem, Mãe de Deus. Repreendi duques e príncipes tanto quanto os outros. Meus companheiros de armas, meus partidários mais engajados, pareciam mais animais do que seres humanos: La Hire, Xaintrailles, Gilles de Rais... Fiz milhares de homens se confessarem, a começar por La Hire. Debaixo do meu estandarte, admitia apenas aqueles que estavam na graça de Deus, e muitas vezes exigi que ninguém saísse para lutar até que tivesse se confessado. Eu queria que cada soldado estivesse em paz com a própria consciência e que vivesse em amizade com Jesus e Maria. Chorei pelos soldados – franceses ou ingleses – que caíram no campo de batalha sem confissão.

Eu não morri gritando: *Vive la France!* Morri com o nome de Jesus nos lábios. Gritei seu nome seis vezes no meio das chamas, antes de sufocar com a fumaça. É óbvio que amava a França, mas Jesus era o verdadeiro amor da minha vida.

Fui patriota, mas foi a vontade de Deus o que amei acima de tudo.

A vontade de Deus...

A coisa mais importante de sua vida é a realização da vontade que Deus tem para você.

Deus o imaginou e o amou antes mesmo de você nascer. Você é um projeto divino, dotado de um nome único e específico. Sua felicidade está em descobrir esta vontade original e realizá-la. Você foi concebido para isso. Você nasceu para isso. Viver para qualquer outra coisa não tem sentido, pois todo o seu ser anseia irrevogavelmente pelo cumprimento desta vontade. Viver para qualquer outra coisa é autodestruir-se, condenar-se à infelicidade e ao desespero.

Descubra, pois, sua própria substância, que não é outra coisa senão essa vontade que Deus tem para você.

A vontade de Deus se manifesta na vocação e na missão. Vocação é um *chamado a ser*, a pensar, a agir de determinada maneira; missão é um *chamado a fazer* algo particular. Embora missão e vocação sejam coisas diferentes, às vezes Deus pode fundi-las. Ele os fundiu na minha existência: fui chamada (minha vocação) para ser enviada (minha missão)[3]. Minha vocação era minha missão.

Essa missão me foi dada diretamente por Deus – por meio dos anjos, das vozes, das visões – porque Deus estava me pedindo algo fora do comum. Para você, as coisas são diferentes. O que Deus espera de você, Ele o comunica pelos caminhos habituais da vida interior. Esses caminhos são mais comuns: sem anjos, sem visões, sem vozes. São mais comuns, mas esse é o ponto principal: eles exigem que você use seu coração, sua inteligência, sua vontade, sua imaginação e sua memória, e também que você se liberte de uma vez por todas da sede de certeza e segurança que o devora.

Eu também tive dúvidas. Até a coroação do rei em Reims, não tinha feito nada que não fosse expressamente ordenado por Deus. Depois de Reims, minhas vozes se tornaram muito menos explícitas. Eu queria ir para casa, mas meu coração me dizia que a missão não havia terminado. Decidi lutar sem o conselho de minhas vozes. Eu não sabia se teria sucesso. Deus decidiu me deixar sozinha por vários meses.

---

(3) A palavra «vocação» vem do latim *vocare* («chamar»), enquanto «missão» vem de *mittere* («enviar»).

Você sempre terá dúvidas sobre sua missão e a maneira de cumpri-la. Mas, se for piedoso, Deus não o abandonará. Ele lhe dará sua graça e sua luz para fazer escolhas que o levarão, pouco a pouco, ao cumprimento desta missão, pois esta missão exige um esforço de imaginação e criatividade. E, embora não «caia do céu», é parte integrante do plano de Deus para você.

Alguns conselhos práticos

Para descobrir sua missão, primeiro você precisa conhecer a si mesmo. «Quem sou eu?». Você deve descobrir como contemplar sua vida e seu destino e encontrar as palavras certas para falar sobre isso. É sua história, não seus caprichos, que definem sua missão. Descubra o significado de seu passado. Sua história não é apenas «sua» história. É também a história daqueles que vivem em você de uma forma ou de outra. Sua história é uma luz que permite que você interprete a realidade de maneira profunda e original. Trata-se de uma força que o impele à ação. Sua missão deve ser formulada de tal modo que deixe claro o desafio de ordem cultural ou social aos quais você responde mediante suas ações. Sua missão deve ser ao mesmo tempo ampla e específica. Ampla: para que você possa realizá-la de diferentes maneiras; e específica: para que você sempre se lembre dela.

Sessão 9
Não confunda seus objetivos com sua missão

Você estabeleceu vários objetivos, mas não é realmente capaz de definir a grande missão de sua vida...

Levantar o cerco de Orléans, ter o rei coroado em Reims, expulsar os ingleses da França. Eis o que parece ser uma bela missão.

Na realidade, minha missão estava muito além desses objetivos. Nasci para algo sublime: elevar física e espiritualmente um povo do qual Deus tinha piedade. Nasci para dar testemunho do amor de Deus pela França e para fazer esse amor se manifestar ao mundo.

Deus não se intromete nos assuntos dos homens à maneira dos homens, isto é, com sangue, com armas, com fogo. Por amor à França, Ele assumiu um enorme risco: o de não ser compreendido pelos próprios cristãos. No Antigo Testamento, encontrei meu lugar: entre os juízes, os senhores da guerra do povo judeu. E quanto ao Novo Testamento? No Novo Testamento, não há mais judeus, cananeus ou filisteus, não há mais franceses, ingleses ou alemães; há somente filhos de Deus...

No entanto, à França Deus conferiu uma jovem filha de sua própria raça que liderasse exércitos sob sua bandeira e sob seu estandarte contra o invasor inglês. Ele estava tomando partido. Há quase dois mil anos, o mundo não tinha visto nada parecido. Mas Deus o fez por amor à França, para que todo o mundo compreendesse os sentimentos que Ele nutria por ela.

Eu, Joana, existo para dar testemunho do amor de Deus pela França. Esse é o sentido da minha vida e da minha missão, que, aliás, ainda não acabou. São muitos os franceses que não querem ouvir falar de Deus, de seu amor ou da França. A França é ingrata. Ela se rebela contra Deus, contra seu amor, contra si mesma, apesar dos talentos e da misericórdia que recebeu.

É por meio de mim, mais uma vez, que ela deve se erguer. Meus objetivos foram alcançados há muito tempo, mas minha missão é atemporal. Quando eu tinha treze anos, minhas vozes me diziam três vezes por semana para «ir à França». Ainda estou indo para a França e não deixarei de fazê-lo, a fim de lembrar aos franceses que Deus estende incansavelmente a mão para eles.

Eis a minha missão.

A maioria dos homens e mulheres nunca descobre sua missão, e isso simplesmente porque não a busca. Falta-lhe profundidade para tanto. Na melhor das hipóteses, eles definem certos objetivos que podem atingir de forma mais ou menos fácil. No entanto, atingir objetivos concretos e quantificáveis pode até satisfazer suas inteligências e vontades, mas seus corações permanecem vazios.

Sua missão envolve a realização de objetivos concretos, mas transcende esses objetivos. Sua missão é você. Sua missão é uma síntese. Está escrita em seu rosto, caso você a viva intensamente.

Lembre-se das palavras do poeta alemão Rainer Maria Rilke: «Seu destino é forte, mas ainda mais forte é seu canto». Seu canto é sua missão vital, é tornar-se uma substância única. Seu canto é sua existência decifrada. É a ideia que você encarna.

Seu canto – sua missão – são algumas palavras, ou talvez apenas uma. É um símbolo.

Seu canto deve ser entoado pelo seu coração.

Alguns conselhos práticos

Você definiu seus objetivos e tem razão em fazê-lo – afinal, uma missão sem objetivos não vale muito. Mas certifique-se de que, além desses objetivos, você esteja ciente de uma missão que dê sentido a eles e, também, à sua existência. Se, por temperamento, você é bastante colérico, tende a concentrar toda a sua atenção nos objetivos materiais, na «gestão». Aprenda a olhar mais longe e, principalmente, mais alto.

Sessão 10
Trabalhe a longo prazo

Você anseia por resultados imediatos. Quer ser recompensado imediatamente por seus esforços. Não pode esperar, tem dificuldade em trabalhar a longo prazo. Parece ser eficiente, mas, sob a perspectiva das décadas por vir, não se sente à altura...

É sempre bom quando seus esforços geram resultados imediatos.

Eu tive essa experiência.

Em quatro dias de combate, quebrei o cerco de Orléans, que durava sete meses.

Em menos de uma semana, expulsei os ingleses de suas principais posições no Loire e os derrotei em campo aberto enquanto recuavam.

Em menos de um mês, com um exército desprovido de tudo, levei o rei de Chinon a Reims, passando por terras ocupadas pelo inimigo.

Em menos de um ano, superei as rejeições de Baudricourt em Vaucouleurs – e note que, quando ele me vira pela primeira vez, orientara meu tio a dar-me um bom par de tapas e enviar-me o mais rápido possível de volta para minha mãe.

Em tempo recorde, superei a desconfiança do rei em Chinon, dos teólogos de Poitiers, dos oficiais militares de Orléans e dos políticos de Reims.

Foi o que fiz. Tinha apenas dezessete anos. Ninguém poderia me acusar de ser uma «sonhadora», uma «idealista» ou uma «teórica».

No entanto, se você observar bem, verá que esses resultados, notáveis aos olhos do mundo, não têm grande valor em si mesmos. O momento do meu triunfo – quando o rei recebeu, em Reims, a unção que o consagrou aos olhos do povo francês – marcou, na verdade, um revés pessoal. «Em reconhecimento de meus serviços», o rei conferiu títulos de nobreza a mim, a meus irmãos e a meus pais. Eu, porém, não me deixei enganar: tratava-se de um presente de agradecimento àquela que estava sendo dispensada, um ornamento para uma militar a se aposentar. Enfim, o rei que eu tanto ajudara estava me abandonando. Eu passara a ser um problema para a sua corte, que tinha apenas um interesse: viver em paz com os traidores borgonheses que haviam trabalhado para os ingleses. Foi porque o rei me abandonou que Paris não foi retomada, e essa derrota minou o ímpeto do exército real e solapou a importância estratégica de todas as nossas vitórias anteriores.

Os resultados imediatos são relativos. Para mudar o mundo é preciso aprender a trabalhar a longo prazo. Eu fiz isso. O que conta é o que se passa nas almas. E coisas assim estavam de fato acontecendo. Transformei os corações de milhões de pessoas, trouxe renovação espiritual a uma nação que havia se afundado nas trevas. O povo estava recuperando a confiança: se, antes, duzentos ingleses colocavam mais de oitocentos homens do exército do rei em fuga, em Orléans apenas quatrocentos franceses ousaram desafiar todas as forças inglesas.

10. TRABALHE A LONGO PRAZO

Os resultados imediatos só fazem sentido se desencadearem um processo irreversível. Eu queria resultados imediatos porque sabia – assim diziam minhas vozes – que eu duraria apenas um ano. Esses resultados imediatos eram necessários para cumprir minha missão.

Não se preocupe caso os resultados materiais demorarem para chegar. Fixe o olhar em sua missão. Ela está penetrando o coração dos homens. Décadas se passam antes de se completar uma missão. O importante é não abandonar a arena.

Alguns conselhos práticos

Você tem perspectivas para o longo prazo? Busca o bem comum da humanidade, e não apenas o próprio prazer ou os próprios interesses? Você costuma analisar os resultados de seu trabalho à luz de sua missão? Se, por temperamento, você é bastante sanguíneo, verá no longo prazo um desafio. Você assume facilmente novos projetos (gosta da aventura e da diversão que representam), mas custa a terminá-los (a rotina o afugenta). Não desanime. Aprenda a praticar a paciência, a perseverança e a fidelidade.

SESSÃO 11
Fuja do voluntarismo

Você faz a vontade de Deus porque «tem de fazer». Faz as coisas porque «tem de fazer»... e somente porque «tem de fazer». Seu coração está sufocado por sua vontade. Você bane do seu comportamento qualquer tipo de afetividade para que apenas a sua vontade permaneça...

Você é um voluntarista e provavelmente acha que eu também o sou. Acha que me submeti friamente à vontade de Deus como se numa tragédia grega, ou então como uma heroína que se submete estoicamente ao seu destino.

Não sou estoica; sou cristã. Eu amei a vontade de Deus, e por isso me submeti a ela. De fato, fiz o bem com a minha vontade, mas também, e sobretudo, com o meu coração – com os meus sentimentos e emoções, com os meus sentidos e com a minha carne. Desde a mais tenra idade eu sabia me deleitar com o que é bom. Conheci o sofrimento, mas aprendi a descobrir o encanto, a transcendência e o mistério a todo momento.

Eu era um ser profundamente corporal. Estava longe de ser diminuta, frustrada, alienada. Vivi minha história com paixão.

Na ação, sentia a alegria de Deus. Eu mesma *era* a alegria de Deus.

Também colocava meu coração em tudo o que fazia. E fazia as coisas bem e com graça. Não foram apenas os resultados que me interessaram.

Em Orléans, antes do ataque, implorei a Bedford que não me obrigasse a destruí-lo. Disse que, se ele me desse razão, eu daria uma grande festa e o deixaria desfrutar da minha companhia. Estas palavras, nobres demais para uma personalidade tão perversa, o deixaram possesso.

A intensidade humana e sobre-humana de minha personalidade cativou os homens. Os guerreiros me seguiram mesmo correndo o risco de serem ridicularizados. Durante a campanha do Loire, em frente a Jargeau, o duque d'Alençon, que era tenente-geral do rei e meu companheiro de armas, hesitou em atacar. Achava que era muito cedo, que não estávamos prontos. Fui até ele e sussurrei ao seu ouvido: «Ó, gentil duque, tens medo? Sabias que prometi à tua esposa que te traria de volta são e salvo?». Minhas palavras foram o suficiente para colocá-lo em marcha. Atacamos, expulsamos os ingleses e capturamos o conde de Suffolk, comandante da tropa inglesa.

Fui dotada de uma vontade extraordinária: minhas ações dão testemunho disso. Nunca, porém, fui voluntarista. Foi meu coração, acima de tudo, o que fez de mim o que sou.

Seu coração é o centro de sua personalidade, o lugar sagrado da sua intimidade. Seu coração confere à sua vontade uma direção original e principal. Sem esta direção fundamental, cada ato de sua vontade consiste numa corrida desenfreada. A solidez de suas virtudes depende muito mais da pureza de seu coração do que do poder de sua vontade.

Lembre-se: sua riqueza pessoal depende da qualidade de sua afetividade, e não de sua capacidade de dissolver a afetividade na vontade.

Alguns conselhos práticos

Aprenda a ser feliz. Esteja certo de que felicidade não é pecado! Recuse-se a basear a própria existência em algo que não seja você, mas um dever ou numa obrigação moral que só existe na sua imaginação. Conheça a si mesmo, descubra sua própria substância e a vontade de Deus «para você». Ame a Deus, ame a si mesmo e ame os outros com sua maneira própria de amar. Aprenda a viver.

Sessão 12
Afaste o sentimentalismo

Você tem medo de confrontos. Diz que não quer fazer os outros sofrerem. O resultado é lamentável: você não está cumprindo sua missão...

Para fazer o que Deus estava me pedindo, não tive medo de fazer meus pais sofrerem. Até saí de casa sem o consentimento deles, escondida. Era uma coisa incrível de se fazer naquela época! E eu tinha apenas dezessete anos. Mas, pelo que Deus me exigia, mesmo se eu tivesse cem pais e cem mães, mesmo se fosse a filha do rei, teria partido do mesmo jeito.

Alguns meses antes, meus pais, preocupados com as coisas que vinham acontecendo comigo, tinham até arranjado meu «noivado». Afastei-me deles, desobedeci-lhes e não prometi nada a ninguém, pois os planos dos homens não poderiam prevalecer sobre os planos de Deus.

Eu amava meus pais infinitamente, mas os amava *por Deus*. Sofri por eles, pois não compreendiam o meu comportamento; todavia, eu sabia que esse sofrimento era inevitável.

A pessoa sentimental tem um coração «bom» demais para poder fazer o bem de fato; um coração «amoroso» demais para poder amar de verdade. Torne a sua vontade mais viril. Não desista do bem só porque ele pode se tornar uma fonte de conflito. Não seja covarde. Aprenda a administrar conflitos com sinceridade e firmeza.

«Mas é que mamãe não concorda...». Esqueça sua mãe! Não deixe seu coração absorver sua vontade.

Você vive num mundo em que um punhado de terroristas brinca com a vida das pessoas, menospreza o mundo, a natureza, o ser humano; cospe nos seus valores, na sua mãe, no seu pai, no seu esposo ou esposa, nos seus filhos. Eles estão travando uma guerra implacável contra tudo o que até agora constituiu a herança moral e espiritual da humanidade. E você, diante dessa vontade satânica e totalitária, no cumprimento de sua missão, ainda tem medo de ofender as pessoas por sua conduta e por suas palavras?

Sua gentileza, sua modéstia e sua humildade não são nada mais do que covardia e hipocrisia.

Se você soubesse com que força – e com que palavras – eu corrigi meus companheiros de luta quando os vi enfraquecerem! Não foi fácil para mim, mas tinha horror ao sentimentalismo. Muitas vezes eu chorei, porém isso não me impediu de agir. Tornei-me a educadora de um povo porque não tinha medo de falar, de corrigir e, às vezes, até mesmo de ficar com raiva.

Alguns conselhos práticos

Examine-se. O sentimentalismo é fruto da covardia, de quando você tem medo de passar por um momento desagradável. É também fruto da hipocrisia, isto é, de quando você diz que não quer fazer os outros sofrerem, mas na verdade é você que não quer sofrer. Aprenda, portanto, a ser sincero consigo mesmo e com os outros.

Sessão 13
Purifique suas intenções

Você fica agitado, esforçando-se em todas as direções, porque tem medo de não ser notado. Precisa de que as outras pessoas reconheçam seu talento. Você anseia por aplausos...

Por que você sente essa necessidade? Será que lhe falta senso de dignidade e valor aos olhos de Deus? Você realmente acha que seu valor depende de suas obras e do que os outros dizem delas?

Sua vaidade é fruto da estupidez. Você vale mais aos olhos de Deus do que a soma de todos os aplausos das pessoas mais notáveis que já viveram nesta terra.

Nunca procurei aplausos. Para mim, bastava saber que Deus me amava. Quem possui um profundo senso de dignidade não precisa ser aplaudido. Sua atividade exterior é o prolongamento de sua riqueza interior; não é condicionada pela vaidade.

As coisas positivas que as pessoas dizem sobre você não valem nada. O que realmente conta é o que Deus diz de você. E de você Deus só fala bem.

Portanto, purifique suas intenções. Livre-se de todo orgulho, vaidade e sede de reconhecimento. Concentre-se na vontade de Deus e esqueça de si próprio.

Não vivi na ação para ser aclamada, mas para cumprir a vontade divina. Comandei, pressionei, ataquei. Não suportava atrasos. A palavra «atraso» sequer existia no meu vocabulário. Não havia lugar em mim para escrúpulos ou dúvidas. Eu tinha sede de ação, mas não para ser admirada, e sim para fazer a vontade de Deus. E a vontade de Deus era que os ingleses voltassem para casa. Após a coroação do rei em Reims, eu teria regressado voluntariamente para meu campo, a fim de cuidar das ovelhas ao lado de minha mãe, do meu pai e dos meus irmãos. Já estava farta daqueles políticos pusilânimes e calculistas, sempre prontos para trair. No entanto, continuei minha luta porque Deus queria que fosse assim.

Busquei a vontade divina, e não a glória. Sou uma filha de Deus, e isso é o suficiente para mim. Fui aplaudida muitas vezes, mas também traída e maltratada. A conduta da corte francesa em relação a mim foi de uma baixeza e uma ingratidão inigualáveis. Quando me tornei prisioneira dos borgonheses, nenhuma tentativa foi feita para me libertar; nenhum ataque surpresa para me resgatar, nenhuma negociação para evitar a oferta em dinheiro dos ingleses que queriam me levar, nenhuma negociação com o duque de Borgonha, cujos ressentimentos já se haviam atenuado consideravelmente – e ele já até havia aceitado ofertas de uma trégua que logo se tornaria um acordo de paz! Uma vez prisioneira dos ingleses, nenhuma carta chegou do bispo de Reims, chanceler da França,[1] ao bispo de Beauvais, seu subordinado; não houve qualquer iniciativa do rei em recorrer ao Papa. Fui deliberadamente abandonada à minha própria sorte. Todos eles se apropriaram dos

---

(1) O chanceler da França era um alto funcionário da coroa. Era nomeado pelo rei e encarregado da administração da justiça em todo o reino.

13. PURIFIQUE SUAS INTENÇÕES

frutos das minhas vitórias e colocaram em mim, como se por um juízo de Deus, a culpa pelos reveses que eles mesmos haviam causado. Os ingleses, derrotados pela minha mão, foram menos culpados da minha morte do que os franceses que foram por mim salvos, mas nada fizeram para tentar me salvar.

Fui maltratada pelo mundo, mas nunca perdi a paz interior que vem da relação com Deus. Portanto, não se preocupe se aqueles que deveriam nos aplaudir agora nos ignoram e nos insultam. Procure agradar apenas a Deus.

Alguns conselhos práticos

Examine suas intenções. Por que você sente necessidade de ser reconhecido? Será que não tem noção de sua própria dignidade? Ser reconhecido e honrado nada tem a ver com a grandeza do homem. A grandeza está na virtude. A vaidade assume o controle no momento em que o reconhecimento se torna, mesmo que secundariamente, a razão para agir. Somente por meio de um longo trabalho essa sutil vaidade pode ser destruída e uma perfeita pureza de intenção, alcançada. Até onde você já chegou nesse empenho?

Sessão 14
Não tema a opinião pública

Você dá muita atenção à sua imagem...

Você está certo em não negligenciar sua imagem: não se deve perder o interesse pela impressão que se causa. A eficácia de seu trabalho depende dessa impressão. É importante que muitas pessoas estejam interessadas no que você faz e no que você diz. Se você quer mudar o mundo, é preciso trazer todas as vantagens para o seu lado. Não dar atenção à própria imagem é falta de profissionalismo. É também falta de bom senso.

Cuidei da minha imagem. Meu cavalo, minha armadura, minha espada, meu estandarte, minha postura... Todos admiravam minha altivez em cima do cavalo, o meu porte militar. Estava sempre «apresentável». Eu tinha um charme surpreendente. As pessoas ficavam ansiosas para me ver.

Se você faz o bem e o faz com elegância, é normal que ganhe amigos.

Mas também é normal que faça inimigos. Se o mundo inteiro está elogiando você e seus méritos, faça a si mesmo perguntas sérias sobre a importância e a eficácia de suas ações, pois você provavelmente está perdendo seu tempo.

Foi porque estivera fazendo o bem que fui caluniada, perseguida e linchada pelos intelectuais da época. Durante meu julgamento, tive todos os juízes, todos os assessores (com exceção de alguns, mas apenas para manter as aparências), toda a mídia e toda a «ciência» contra mim. Estava no mais absoluto isolamento moral e psicológico.

Vi-me sozinha, sem advogado, sem direito ao contraditório – o que se opunha à prática da Inquisição – diante de uma centena homens furiosos, escolhidos pelos meus inimigos para que fossem meus juízes. Estive sozinha também diante do ódio dos acadêmicos da Universidade de Paris, que não apenas pretendiam governar a Igreja universal no lugar do Papa, mas também legitimar a conquista inglesa da França. Eles diziam que minhas revelações eram mentirosas, subversivas, inspiradas por espíritos demoníacos. Acusavam-me de idolatria e blasfêmia. Elogiaram o bispo Cauchon, seu ex-reitor, pelo zelo que tivera e pela conduta demonstrada no julgamento; louvaram a suposta «conformidade com a lei» daquele processo. Por fim, recomendaram que o bispo, em sua solicitude paternal, nada negligenciasse até que «vingasse a majestade divina do insulto que havia recebido». Também enalteciam o rei da Inglaterra pelo ardor que havia demonstrado «em defender a fé e extirpar o erro...».

Tanta ciência, tantos títulos, tantos espíritos magníficos contra mim!

O julgamento não foi stalinista. Não foi conduzido por fantoches. Foi muito mais feroz. O julgamento que eles chamaram de «democrático» foi conduzido por intelectuais vaidosos, incapazes de questionar seus próprios preconceitos. Cabia a mim, a vítima, provar a minha inocência!

Enfrentei sozinha a nata da intelectualidade europeia da época, apaixonada por seus parcos conhecimentos. Ninguém me defendeu. Eu deveria ter sucumbido mo-

14. NÃO TEMA A OPINIÃO PÚBLICA

ralmente, deveria ter ficado muito insegura. Cheguei a vacilar por um momento sob o peso da provação, mas me recuperei.

Posteriormente, os ingleses viriam a ser acusados de terem sido os autores daquela abominável encenação, mas a verdade é que tratou-se, em grande parte, de obra dos franceses.

Se você fizer o bem, um bem duradouro e eficaz, não surpreenderá que seja caluniado e que certos meios de comunicação façam tiro ao alvo com você. Sua imagem será «democraticamente» manchada, você será «democraticamente» arrastado na lama, será «democraticamente» crucificado.

É importante que esteja prevenido, pois o choque é brutal. As chances de sobrevivência daquele que não está preparado são praticamente inexistentes.

Alguns conselhos práticos

A imagem que você apresenta de si corresponde à realidade? Você se esforça para que a impressão que causa nos outros revele fielmente suas intenções, virtudes e talentos? Está preparado para sacrificar sua imagem em nome da verdade e do bem, em nome de sua consciência?

Sessão 15
Não seja perfeccionista

Em seu empenho pessoal por seguir os conselhos que lhe estou dando, você talvez caia com frequência. Talvez fique desmoralizado, desanimado, talvez tenha dificuldades em se reerguer... Você gostaria que tudo em seu caminho fosse perfeito, que suas ações fossem impecáveis. Você não aceita o fracasso e, quando falha, sente-se humilhado e desiste da luta...

Seu perfeccionismo é fruto do orgulho. Você é incapaz de aceitar que não é perfeito porque se acha muito forte e inteligente! Então, quando menos espera, se decepciona; fica desesperado ao se dar conta de que não é o que deseja ser.

Saiba que o mais importante não é nunca cair, mas se reerguer, e sempre com humildade e simplicidade. Comporte-se como um atleta profissional que nunca desanima e que, após cada fracasso, recomeça com entusiasmo renovado. Você precisa da simplicidade e flexibilidade das crianças, que, após tropeçarem, saltam do chão como se fossem bolas de borracha. Considere cada dia como um novo capítulo em sua vida.

É normal que você caia. Eu também já caí algumas vezes.

Pense na minha tentativa de fuga do castelo de Beaurevoir. Queria fugir para ajudar o povo de Compiègne, mas percebi que Deus tinha outros planos para mim. Custou-me aceitar seus planos. Mas, em vez de cair no desespero por tê-Lo desobedecido, confessei e continuei meu caminho, com toda a simplicidade e sem fazer drama.

Pense também na minha «abjuração» no cemitério de Saint-Ouen, alguns dias antes do meu martírio. Nesse cemitério, num cadafalso, cara a cara com meus juízes, cercada pela multidão e escoltada pelos agentes de execução e pelos notários, sofri a mais terrível agressão moral de minha vida. Estava exausta, não aguentava mais. Durante um ano, meu corpo, acostumado ao ar livre e criado para a ação, havia sido aprisionado. Fique, por seis meses, com os pés algemados durante o dia e acorrentada durante a noite. Minha força física estava chegando ao fim.

Também estava com medo da fogueira. Eu me submeti – relutante – aos meus juízes, assinando um documento cujo conteúdo eu mal entendi, mas que fora interpretado como uma abjuração da minha parte.

Eles tinham me preparado uma armadilha: prometeram que, se eu assinasse, iriam me transferir da prisão civil (onde fui acorrentada, numa violação à lei canônica, e severamente maltratada pelos carcereiros) para uma prisão da Igreja. Tratava-se de uma emboscada, e não fui forte o suficiente para escapar. Deus me fez entender que eu não deveria ter assinado aquele documento. Pedi perdão e, quando recuperei o ânimo, fiz questão de negar perante meus juízes qualquer abjuração de minha parte. Este ato é chamado de «relapso» e foi o motivo legal da minha morte na fogueira.

Eu havia cometido um erro. Havia enfraquecido, mas me recuperei com nova energia, mais convencida do que

15. NÃO SEJA PERFECCIONISTA

nunca da verdade dentro de mim, e Deus transformou minha fraqueza em vitória: Ele reduziu o tempo de minha provação. Em poucos dias Ele pôs fim àquele processo insuportável e recebeu minha alma na glória.

Portanto, seja humilde e simples para sempre se levantar. É normal cair. O que não é normal é não se reerguer.

Alguns conselhos práticos

Está desmoralizado pelo fracasso? Sente-se oprimido por seus erros, fraquezas e deficiências? No final de cada dia, coloque suas misérias nas mãos de Deus. Deixe-se mergulhar em Sua misericórdia. Esqueça o passado. Renove-se. Levante-se todas as manhãs com um entusiasmo saudável, que não é reflexo de ingenuidade, mas de um espírito guerreiro e repleto de fé, esperança e caridade.

Posfácio

Ao fazer de Joana a sua *coach*, você estará certo de que não errará o caminho. Afinal, como você já deve ter notado, Joana é um modelo acessível a todos os homens e mulheres, sejam quais forem suas origens culturais ou religiosas.

O interesse que ela desperta hoje em todas as partes do mundo não surpreende. A heroína de Orléans é uma jovem surpreendentemente moderna. Não há nada de estranho nela, nada impróprio ou anacrônico. A personagem de Joana é eternamente nova.

O «processo de Joana d'Arc» é único na história: sabemos tudo sobre a sua vida, embora tenha ela tenha vivido no século XV. O que sabemos dela não é lenda: os documentos de arquivo falam por si mesmos.

Deus quis que fosse assim. Quis que Joana fosse para todos nós – homens e mulheres que trabalham no meio da sociedade e que encontram-se diretamente envolvidos nos assuntos do mundo – uma treinadora, uma mestra, uma mãe.

Moscou, 16 de maio de 2020,
centenário da canonização de Joana d'Arc

Cronologia da vida de Joana d'Arc

1338   Início da Guerra dos Cem Anos entre a França e a Inglaterra.

1412   *6 de janeiro.* Nascimento de Joana d'Arc em Domrémy. Domrémy fazia parte da França quando ela nasceu. Apenas depois de 1571 o vilarejo veio a pertencer à Lorena, que fazia parte do Sacro Império Romano.

1415   *13 de agosto.* Aproveitando a loucura do rei Carlos VI da França e as brigas entre os membros de seu conselho, o rei Henrique V da Inglaterra desembarcou em Harfleur com seu exército.

        25 de outubro. Batalha de Azincourt. A cavalaria francesa é derrotada pelos soldados ingleses, em número inferior.

1420   *21 de maio.* Tratado de Troyes, que entrega a França aos ingleses. Foi assinado por Henrique V da Inglaterra e Carlos VI da França. Estipulava que, após a morte de Carlos, a coroa passaria para Henrique, que havia se casado com Catarina de França, filha do rei francês. Carlos VI deserdou assim seu filho, o

124   ALEXANDRE HAVARD

delfim Carlos, futuro Carlos VII, que foi destituído de todos os seus títulos, mas permaneceu, *de fato*, chefe do governo da metade sul da França.

1422   *21 de outubro.* Morte de Carlos VI, dois meses após a morte de Henrique V da Inglaterra. O filho de Henrique é proclamado «rei de França e da Inglaterra» sob o nome de Henrique VI. Tinha a idade de dez meses. Todo o Oeste da França, incluindo Paris, mobiliza-se a favor de Henrique VI. O duque de Bedford, sobrinho de Henrique V, assegura a regência na França.

1425   *Verão.* Joana tem treze anos. Ouve as vozes de Deus pela primeira vez, no jardim de seu pai. As vozes pedem que liberte o reino da França dos invasores e que conduza o delfim Carlos à coroação real.

1428   *13 de maio.* Primeiro encontro de Joana com Roberto de Baudricourt, o capitão real, em Vaucouleurs. Então com dezesseis anos, ela pede para se encontrar com o delfim Carlos em Chinon, mas Baudricourt não a leva a sério.

12 de outubro. Bedford faz cerco a Orléans, última cidade ao norte do Loire leal ao delfim.

1429   *Janeiro.* Segundo encontro de Joana com Baudricourt, em Vaucouleurs.

12 de fevereiro. Terceiro encontro de Joana com Baudricourt, em Vaucouleurs.

22 de fevereiro. Partida de Vaucouleurs com destino a Chinon. Joana é escoltada por uma pequena tropa liderada por João de Metz.

CRONOLOGIA DA VIDA DE JOANA D'ARC 125

6 de março. Joana é recebida pelo *delfim* Carlos, em Chinon.

11 de março. Interrogatórios de Joana em Poitiers. Carlos desconfia de Joana (ela poderia ser uma bruxa) e a remete para os teólogos da Universidade de Poitiers, a fim de que fosse submetida a um exame para provar sua virgindade e sua retidão moral.

8 de maio. Joana rompe o cerco em Orléans. O comandante inglês, William Glasdale, cai das muralhas do Loire e se afoga.

12 de junho. Início da «Campanha do Loire». Captura de Jargeau. O conde de Suffolk é feito prisioneiro pelos franceses.

15 de junho. Tomada da ponte de Meung-sur-Loire.

16 de junho. Capitulação de Beaugency.

18 de junho. Batalha de Patay. O general John Talbot é feito prisioneiro pelos franceses. As baixas inglesas são muito numerosas. A França elimina toda a presença militar inglesa ao longo do Loire.

17 de julho. Coroação de Carlos VII, em Reims.

8 de setembro. Ataque malogrado de Joana a Paris.

4 de novembro. Libertação de Saint-Pierre-le-Moûtier.

Dezembro. Derrota na La Charité-sur-Loire.

1430 *23 de maio*. Joana é feita prisioneira pelos borgonheses, perto de Compiègne.

Junho. Joana tenta escapar do castelo de Beaulieu.

Julho-outubro. Joana tenta escapar do castelo de Beaurevoir.

23 de dezembro. Joana, prisioneira, chega a Rouen.

1431   *9 de janeiro*. Abertura do processo de condenação.

24 de maio. A suposta «abjuração» de Joana.

28 de maio. Tendo Joana voltado a se vestir como homem, é iniciado o processo de relapso.

30 de maio. Joana é queimada viva na Place du Vieux--Marché, em Rouen.

1455-56 Anulação do julgamento. A pedido de Isabelle Romée, mãe de Joana, o Papa Calisto III solicita revisão do processo. A nova sentença, pronunciada em 7 de julho de 1456, 25 anos após a morte de Joana, declarou o primeiro julgamento «nulo e sem valor ou efeito», reabilitando totalmente Joana e sua família. A maioria dos juízes do primeiro julgamento, incluindo o bispo Cauchon, já havia morrido nessa época.

1869   O bispo de Orléans, Félix Dupanloup, solicita ao Papa Pio IX a abertura do processo de canonização de Joana d'Arc.

1909   *18 de abril*. Joana é beatificada pelo Papa São Pio X.

1920   *16 de maio*. Joana é canonizada pelo Papa Bento XV.

1922   *2 de março*. O Papa Pio XI declara Santa Joana padroeira secundária da França.

Direção geral
Renata Ferlin Sugai

Direção editorial
Hugo Langone

Produção editorial
Gabriela Haeitmann
Juliana Amato

Revisão
Daniel Araújo

Capa
Gabriela Haeitmann

Diagramação
Sérgio Ramalho

ESTE LIVRO ACABOU DE SE IMPRIMIR
A 20 DE DEZEMBRO DE 2024,
EM PAPEL PÓLEN BOLD 90 g/m².